はじめに

◆１０年間も語学を勉強したら…

　私たちは日本人は、中学校・高校と６年間も英語を勉強しました。今の子どもは小学校から英語を勉強します。人によっては、大学や専門学校に行ってまで、英語を勉強します。私も大学まで行きましたので 英語は 10 年間も勉強したことになります。

　10 年間、語学を勉強したら、さぞかし英語を話せるようになっているかと思えば、多くの日本人はそうではありません。そういう私も、小学校６年生の時に１年間英会話教室に通った（というか通わされた）ので、11 年間も英語を勉強したことになりますが、例外ではありません。

　学校で英語を勉強して、試験でいい点を取っても、英会話教室に通っても、実際に使えない…そういう人間でした。

　これが多くの日本人の現実ですよね。もしあなたが外国人から「現地で日本語を 10 年間学んだ」と聞いたら、その人は少しは話せるし、日本語で簡単な意思疎通はできると思いませんか？　世界広しと言えども、10 年間も英語を学んで、まともに英会話をできないのは、日本人くらいではないでしょうか？そう思いませんか？

　私は、これまでの人生で、数十万円する英会話教室に二度ほど通ったことがありますが、結局、話せるようにはなりませんでした。三度目の正直で、昨年 11 月（2018）年より、『ちよま

る式イングリッシュ クエスト（Chiyomaru Style English Quest)』で学び、初めて、英語圏の人たちと意思の疎通が図れるようになってきています。

◆「英会話講座」は、コンプレックス・ビジネス？！

「儲かるビジネス３つ」というのがあり、それは「コンプレックス」「セックス」「金儲け」の３つで、これに関する情報は形を変えて売れ続け、儲かるそうです。

その中のコンプレックス・ビジネスは、人の外見・内面の問題を解決する産業です。「他人より劣っている」「魅力が不足している」といったコンプレックスは、当人には簡単に克服できなかったり、解消できなかったりするものが多く、コンプレックス産業では、このような人の心理的な問題を解決して、当人に自信を持たせる事でお金を得ています。

例えば、ダイエット、薄毛治療、美容、整形といった人間が抱えるコンプレックスや劣等感に訴求する商材、サービスで、「痩せたい」「モテたい」「きれいになりたい」といった消費者の欲求、感情を解消することを謳っています。

この中に「英語を話せるようになりたい」という「英会話」も入っていると知った時はショックでした。確かに 10 年間も学んでもモノにならず、英会話ができたり、外国人と意思疎通をできている人を見ていると劣等感が出てくるのは、私だけではないと思います。

4

75 点の英語力で
充分伝わる！

「ちよまる式英語コミュニケーション」
に出会って

著者　釣部人裕

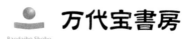
万代宝書房

Bandaiho Shobo

　私は、完全に「英会話」で挫折していました。おそらく、この本を手に取っている方は、ほとんどの人が英語を勉強し過ぎです。たくさんの教材を買ったり、英会話スクールに行って、がむしゃらにやるのだけど、結局どれも身に付かない状態…そして挫折した、のではないでしょうか？

　そんな私は、2018年9月、父の遺言でガダルカナル島の戦没者遺骨収集に行き、そこで、飛行機、空港、現地で英語で話しかけられて、まともに意志疎通ができなくて、諦めにも近い、悔しい思いをして帰国してきました。

　そのことを友人の川副真大氏に話したら、「それなら、うちの千代丸先生が最高ですよ！」と言われ、「信じるな！疑うな！確かめろ！」をモットーにしている私は、千代丸先生の説明会に行き、入会を決意しました。そして、2019年5月に、一つのコースを終えました。

　コースを受ける中、重要なのは、「英会話ではなく、英語コミュニケーション」ということを痛感しました。
「なんだ！　これをもっと早く知っていれば…」
「お金も時間も無駄にしなくて済んだのに…」
「学校教育を、英語から英語コミュニケーションに変えたらいいのに…」
などと思ったのです。

　多くの人には、私のように、「無駄なお金と時間を使ってほしくない！」「目的に合わせて英語を使って外国人の人と意思疎通をはかってもらいたい」と、参考になればとの思いで、私の

体験した「英会話と英語コミュニケーション」の相違点について、書いていくことにしました。

　読書の皆さんに最初に言っておきたいのは、これは、私の体験であって、それ以上でも以下でもないという点です。

　本書が、英語を学びたいと思っている人のお役にたてれば、幸いです。

2019 年 9 月 15 日

釣部人裕

も く じ

第 1 章

英語を学んでも、行き詰っていた理由

◆テストでいい点数が取れるかどうかが全て

　私の英会話に対する思いを心境開示することから始めます。

　私は、中学・高校と、それなりの成績を取っていましたが、英語は、受験のために勉強していただけでした。ですから、英会話ができるかどうかは関係なく、テストでいい点数が取れるかどうかが全てでした。

　そんな私は、当時ソフトテニスで、それなりに強い選手でした。高校生の時に、ハワイの選手団との交流戦があり、北海道選手団として選抜され、合同練習も試合もしました。親善がメインでしたので、交流があり、レセプションも参加しました。しかし、そこでは、ハワイの高校生選手と会話ができないのです。理由は二つありました。一つめは、何を話していいか分からない、二つめは、話したいことが出てきても、何と表現していいかが浮かばない、ということです。

　それでも英語で会話をしなくてはいけないので、授業で習ったフレーズを思い出して、単語を変えて、もっともらしい文章を作って話しました。ですから、私が話したいことや聞きたいことではなく、使える文章と単語を駆使して、場を持たせていたのです。

　通訳のできる先生がそばに来たときに、お願いして通訳をしてもらうのです。その時に、先生の口から出てくる表現は、難しい表現はなく、すべて自分が知っている構文や単語でした。だから、先生が何を言っているのかすべて分かるのです。聞けば、「なーんだ。その表現でいいんだ！」というものばかりです。

　しかし、それらは、自分からは一切出ないのです。そのことに愕然としました。
　その時に、私が自分の言いたいことで言えたのは、最後に、たった一つでした。今でも覚えています。彼らが帰らなくてはいけないという主旨の話をしたときに、確認の意味で言った、一文です。

You have to say good-bye?

　彼らはやっと通じたという思いで、笑顔を返してくれました。
　私はその時に悟りました。
「いくら学校で英語の勉強をしても、英会話はできるようにはならない！」
　そして、受験英語はできても、英会話はできないというのが、自分の中の固定観念になりました。

　そんな私は、大学に入り、そこでも英語を学びました。辞書を片手に論文を読むことです。ですから、論文さえ読めれば、問題はありませんでした。
　卒業後、私は高校教師になり、ソフトテニス部の顧問になりました。

◆発音重視の英会話教室

　30歳の頃です。当時の妻が「英会話を習いたい！」と言い出して、自分で英会話教室を見つけてきました。そこのスクールの校長先生に「夫婦で学んだ方が効果がある」と言われ、二人

で別々な曜日に教室に通うことになりました。確か、週1回90分間、生徒は最大4名まで、期間は6か月、先生はアメリカ人、入学時期は3月、6月、9月、12月のいずれかという条件で、費用は約25万円だったと思います。

　これが、私の一回目の英会話教室でした。
　発音重視で、Strawberry（ストロベリー）やHollywood（ハリウッド）などは、「違う！Straw－berry」「違う！Holly－wood」などと、何度も発音させられました。テープレコーダーも持参するように言われ、先生の発音、自分の発音、先生と一緒に発音した単語などを録音し、持ち帰って違いを確認し復習するように言われました。それが合格するまでは、次のステップには進ませてもらえませんでした。

　「LとRの発音の違いを聞き取ってください」「そして発音を変えてください」と指導され、舌の動きや口の形を教えてもらうのですが、正直、偶然できることはあっても、マスターすることはできませんでした。顔の筋肉が痛くなったことを覚えています。

　何とかクリアすると、次のステージはオリジナルテキストを使っての学習です。良く使われている約200文例があり、それを覚えていくというものです。

for a instant と for a second は同じ意味だ。
visit と go to は同じ意味だ。
Look after to と take care of　は同じ意味だ。
usually，　ordinary，　genially，　commonly は同じ意味だ。

Sometime と Once in a while は同じ意味だ。
などと、とにかく英文のパターンと一緒に、同じ意味の表現を
ひたすら覚えていきます。

　毎週、前週の復習テスト（穴埋め式）があり、点数が付けら
れ、最終テストに備えていきます。その時は、発音ではなく、
筆記のみです。

　このページの画像は、当時のテキストの 1 ページです。

```
Lesson 79: Education Sentences

 1.  Public schools are cheaper than private schools.
 2.  My professor is a bore and his lectures don't turn me on.
 3.  When I was in the 12th grade, I took physics and chemistry.
 4.  Many students in the U.S. attend junior college and then transfer
     to a university.
 5.  Susie cheated on her final exam so the teacher gave her a bad grade.
 6.  In high school, I took part in the drama club.
 7.  Commencement is a big deal for the graduates and their parents.
 8.  I goofed off instead of studying, so I had to cram for my test
     all night long.
 9.  The teacher took us by surprise with a quiz.
10.  When I was in junior high school, my parents made me stay in on
     weekends until I got through with all my assignments.
11.  Academia's semesters are over in April and October.
12.  As a college student, I tutored high school students in algebra.
13.  Basketball games take place in the gymnasium.
14.  You should shut up in the library.
15.  I couldn't make out what the professor was saying because the
     auditorium was so crowded and noisy.
16.  You should have on an apron and goggles in the lab.
17.  Dede majored in anthropology and history in college.
18.  For the time being, I'm living in a dormitory, but in the near future,
     I'll live off campus.
19.  I received a scholarship and the university is picking up the tab
     for my education.
20.  I go to the university and have a part-time job on the side to pay
     for my tuition.
21.  Students with difficult majors like chemistry don't have time
     to fool around.
```

　場面が、学校、駅、病院、食事など色々分かれていました。このようなテキストに、教師が説明してくれた同じ意味の単語をメモして、文章を読んで、教師にチェックしてもらうという流れでした。

　復習テストは、80 点以上で合格でしたが、問題パターンが 3 つで、同じ問題で何回も再試験が受けられましたので、回数を重ねると問題を覚えられますので、最後には合格することが出来ました。このプロセスで、構文やフレーズを否応なく覚えることができました。
　「お金の分、元は取るぞ！」という思いで、大変な時間と体力を費やしましたし、楽しくはありませんでした。夫婦の時間もなくなって行きました。

　このやり方でしたので、言いたいことを英語にできるわけではなく、知っている構文の動詞や名詞を変え、英語で話すことを考えるので、会話はスムーズではありません。使える英語の範囲で会話を作っていきます。しかも、その後、そもそも使う機会が少ないので忘れていきます。

　その後、教職を辞し、民間企業に就職。アメリカ、インド、中国、ベトナムなどに仕事や研修で何度か行きましたが、全て大事な場面では通訳が付きました。買い物や交通機関に乗るとき、レストラン、ホテル内では英語を使うことがありましたが、

How much?

Where is restroom?

What do you recommend?

I want to go 　○○Hotel.

No thank you!
というレベルでしか使えません。

　一番は、言いたいことが英語にならないのですから、会話が続かず、話すことがないのです。
　あとは、私はエネルギーイングリッシュと呼んでいましたが、単語の羅列とジェスチャーです。指でさしたりしながら、

This. Yes. Good！ Water! 　Beer. Red wine. enough

　といった単語を羅列し、ジェスチャーと笑顔で通してきました。

◆結果にコミットの英会話教室

　25年の時は流れて、私が55歳になった時です。
　日本育ちで英語が話せないハーフの男性が、見た目と違い英語が話せないことが超劣等感で、それを克服した英語学習法があるとのことで英会話講座を紹介してくれました。この英会話講座は、「成果のみに一点集中し、英語に不要な一切の贅肉を排除した、今までにない全く斬新な英会話講座」と銘打っていました。
例えば、
　仕事のことで頭がいっぱいなんだ。
　　　All I can think about is work.

　何か、私に言うこと忘れていない？
　　　Aren't you forgetting something to say to me?

15

言ったことはちゃんとやりなよ。
　　Don't go back on your word.

といった短いフレーズが 2000 程度あって、それを発音とセットで説明を受け、順番に覚えていきます。

　用意されているフレーズは、確かに自分でも使いそうなものが含まれていました。同時に、滅多に使わないフレーズもたくさん含まれていました。

　この講座の特徴は、いくつかあります。
1、全身を使って覚える。
　具体的には、
　　リズムに合わせて（体感）、
　　大きな声を出して（口）、
　　体を動かしながら＆踊りながら（ボディ）、
　　思い切り感情をこめて（感情）、
　　場面を想像し、関連付けながら（頭）、
　　講師の物まねをします（耳、目）。
　要は、五感と体全体を使って体に染み込ませていく手法です。

2、ネイティブの発音を大げさに学ぶ。
　発音を極端なくらいリズムや強弱も合わせて、大げさに強調して体全体を使って練習します。
　例えば、th の発音では、舌を半分くらい出せと言われます。
　year と ear の発音の違いや、shell と cell の発音の違いも、極端に練習します。口や舌の動きも教えてくれます。文字では

書けないのが残念です。

　発音だけでなく、文章の中で、リズムやイントネーションとセットで発音を身に付けて行きます。

3、海外映画の表現が聞きとれるようになってくる。

　聞いたことのないフレーズや単語は、日本語で聞いても聞き取れないことが多いです。例えば、「みひつのさつい」という言葉を聞いた時、何と聞こえるでしょうか？　私は法律の勉強をしたので、「みひつのさつい」という単語を聞いたら、「未必の殺意」と聞こえますが、私の友人は「密室の殺意」と聞こえていました。これ、本当の話です。

　こういうことって、ありますよね。日本語でもこうなのですから、英語であれば、聞いたことのない単語やフレーズを聞き取ることはできません。

　ここでは、覚えるフレーズの何割かは、映画の表現を日常生活で使えるようにアレンジしています。ですので、映画を観ていて知っているフレーズが出てくると、「この表現は聞いたことある」となります。

4、学ぶ範囲が決まっている。

　日常生活やビジネスに必要で重要な表現を一応網羅しているので、それ以外は一切やらなくても良いといわれます。これだけやればいいというのと終わりが見えるのは、確かにモチベーションアップに繋がります。

　週に1回約3時間で、約3か月で終了します。それを基礎編と応用編の2クールですから、期間は6か月間です。

　スケジュールや学習ペースが綿密に組まれたプログラムになっているので、ついてさえいければ、ゴールに辿り着けます。

5、学ぶ例文が短い。

　先程、示したように例文がかなり短いです。ですので、確かに覚えやすいです。長い例文など、日本語でも覚えられません。短い文をたくさん覚えて、組み合わせを変えて、長い文章にしていくという考え方です。

　例えば、「彼が来ない」は英語で、He doesn't come.で、「私は行きます」は英語で、I will go.です。

　この二つの例文をくっつければ、「彼が来ないのなら、私が行きます」という文章を作れます。

　if でつなぐと、簡単に長い文ができます。

　I will go ,if he doesn't come.

　もう一つ、「私はうれしいです」は英語で、I am glad.で、「彼女がここにいる」は英語で、She is here.です。

　この二つの例文をくっつければ、「彼女がここにいてくれてよかったです」という文章を作れます。

　That という関係代名詞でつなぐと、簡単に長い文ができます。

　I am glad (that) she is here.

6、毎回、前回の復習テストを行う。

　「スピーキングテスト」と「リスニングテスト」がそれぞれ100問〜300問あります。

　「スピーキングテスト」は隣の人と二人一組となり、相互にチェックします。自分がテスト範囲から任意に20問を選び、相手に日本語を読みます。相手が3秒以内に答えはじめられなければ、NGですし、もちろん、間違えたり、途中で言えなくなったりしてもNGです。

　「リスニングテスト」では、CDで英語の文章が読まれるのを

ディクテーション（聞こえてきた英語を一語一語書き取っていく）していきます。どちらも、100問中90点以上とれれば合格となります。

　3秒で出ない言葉は、本番でもつかえないと判断しています。

　私の場合、最後は時間的に復習が追い付かず、講座には参加せず、録画を見て、理解するというレベルで終わりました。さらに、勉強しないでテストに臨むぶざまな自分を他人の前に晒すだけだと思い、最終テストは欠席しました。

◆結局、話せない理由は…

「はじめに」でも書きましたが、学校教育で10年以上英語を学び、さらに、30代と50代に2つの英会話学校に通いましたが、英語をまともにというか、それなりにでも話せるようにはなりませんでした。

　2018年9月、私は父の遺言でガダルカナル島の戦没者遺骨収集に行きました（詳細は、拙著『「ガダルカナルの戦い」帰還兵の息子』）。そのとき、飛行機、空港、現地で英語で話しかけられて、まともに意志疎通ができませんでした。

　私たちの服装や装備をみて
「何をしに、どこに行くのか？」
「何人で来たんだ？」
「何日間いるんだ？」
「これは仕事か？」
などと聞かれるのですが、思いはたくさんあっても、英語でま

ともに答えられないのです。

I will go to Guadalcanal. finding out Japanese soldier's
bones. World war Ⅱ, Many soldiers died. Hunger, not
battle.
20people.
10 days. I am a volunteer.

　英語らしいインネーションも区切りも適当、ＬとＲ、ＷとＵ
などの発音も関係なく、棒読みです（ちなみに、同じ単語の羅
列でも、今なら、少しは英語らしく聞こえるイントネーション
や区切り、発音はできます。さらに、ビクビクせず、この単語
でコミュニケーションを取りにいきます）。

　場所や日数、事実は単語で答えられますが、私の思いという
のは、英語にはなりません。私としては、どんな思いで来てい
るのか、どうして来ているかを一番話したいのに…。

　今までは、英語のフレーズを覚えて、日本語に変換している
わけです。でも、私の思いは、先に日本語で思考しています。
日本語を英語にできなければ、会話はできないのです。

　言葉の検索の機能が逆なのです。使える英語の何百かのフレ
ーズの中から、私の言いたい表現を数秒で検索しないといけな
いのです。何百かのフレーズと言いましたが、目の前の外国人
に想定外に声を掛けられたときに、いくつのフレーズが頭の中
で使えるのでしょうか？　数えたことはありませんが、相当少
なくなっていると思います。さらに、相手の尋ねている意味が

分かったとして、その答えを日本語で考え、その考えた内容に近い、英語フレーズが数秒で出てくる確率は、相当に低いというか、限りなくゼロに近いです。さらに出たとして、発音やリズムやイントネーションを英語っぽくできるか？という問題もあります。

　ハードルが高すぎます。要は、すべては、**英語から日本語には多少できたとしても、日本語から英語にはならない**ということです。**これが英語を話せない理由**なのです。少なくとも私の場合は…。
　でも、それって、私だけでしょうか？
　みなさんは、違う理由ですか？

◆「ちよまる式イングリッシュ クエスト」との出会い

　そのような思いをある時、友人の川副真大氏に話したら、あっさりと、「それなら、うちの千代丸先生が最高ですよ！」と言われたのです。
　正直、「何年もやったんだから、無理！無理！講座を受けたらいいと言われて、また、高い金を払って、頓挫し、話せるようにはならないに決まっている！お金と時間の無駄！川副さんとの友人関係も壊したくないし…」などと思いました。

　でも、あまりにもあっさり言われたのと、「川副さんが私を騙すわけないよな。彼だって、私を騙したら、損することはあっても得をすることはないから…」と思えたので、「信じるな！疑うな！確かめろ！」をモットーにしている私は、千代丸先生の説明会に行くことにしました。

◆「目から鱗」のちよまる式の英語学習の順番

　私が先程のような体験を一通り話し終わると、千代丸先生は、「ちよまる式の英語学習の順番」を話してくれました。

　私たちは、英語に関すること（発音、単語、文法 etc）を学べば、英語を使えるようになると一般的には思っていますが、実はこれらの習得だけでは日本語を英語にすることはできません。
　それは、次の図が示す通りの順番でした。

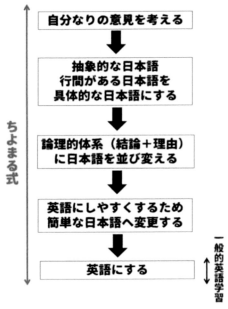

※図はフェイスブックより借用、承諾は得ています。

　言われてみれば、確かにその通りです。つまり、英語の学習だけではなく、日本語部分でもやるべきことが沢山あり、この点を理解し、英語以外の部分も学習すると英語を使えるようになるというのです。

　そして、「ちよまる式」では英語の学習に加えて、これら全てを学習するというのです。むしろ、日本語で何を言いたいのかを深堀して行く方が難しいというのです。
　以下の４つの日本語によるプロセス
　　自分なりの意見を考える。
　　抽象的な（行間のある）日本語を具体的な日本語にする。
　　論理的体系に日本語を並び変える。
　　英語的日本語にする。

　英語を学ぶのに、日本語の方が難しい？
　「目から鱗」「コロンブスの卵」の話でした。

　自分の能力のなさを痛感し、劣等感さえ持っていた英語学習は、英語の問題ではなかったのです。
　私の日本語に問題があり、さらには、私の問題ではなくて、学校や英会話講座での学習方法に問題があったのです。
　私が**英語をいくら学んでも行き詰っていた理由が明確に見えた瞬間**でした。

　これを日本語で学べば、難しいことは言えなくても着実に英語を使えるようになる！そう思えました。英語の学習を一生懸命頑張ってきたのに、どうしても成果が出なかった私は、英語以外の部分を少しも考えていなかったのです。

◆ 新しい「日本人と英語の関係性」

　千代丸先生は、さらに「目指しているもの」を話してくれました。「英語を教えるだけではなく、『日本人と英語の関係性』も変えていきたい」というのです。

　現状、訪日外国人が感じる日本旅行の不便さ1位は『英語が通じない』だそうです。しかし、この英語が通じないというのは、日本人の認識とかなり乖離があるそうで、外国人からすると、別にペラペラ喋る必要はなく、ちょっとしたコミュニケーションが取れれば彼らにとっては十分だというのです。日本人が思い描く「なんでも英語で言える」状態を求めていないのです。

　確かに、私たちが海外に行ったときに、ペラペラの日本語を求めません。日本語で意思疎通、ちょっとしたコミュニケーションが取れれば十分です。これであれば、中学生の時に学んだ英語の知識とちょっとしたテクニックで十分乗り越えられます。

　千代丸先生は、「この点を多くの人に伝えていきたい」と熱く語ってくれました。次ページの左図から右図のように、多くの人が英語でのコミュニケーションはなんとかでき、ある程度できる人もそこそこいる世界にしたいと…。

　「英語はできないけど、まぁなんとかなるよ！」という人が今後増えていってほしい、誰か1人が英語を上手にできることより、皆が少しできることの方が日本にとっては大切だと言い切るのです。

日本人と英語の関係性

※図はフェイスブックより借用、承諾は得ています。

　話を聞きながら私は、はじめて「これなら**暗記しなくていいし、無理なくできるかもしれない**」と思い始めていました。

　とはいえ、これは概説です。具体的に、日本語で「何を」「どのようの学ぶ」かがわかりませんでした。

◆日本語を英語の順番で並べる？！

　具体的に「ちよまる式学習」では、日本語で何を学ぶか？
　一つは、「**日本語を英語の順番で並べる練習をする**」ということでした。

　例えば、
「このプロジェクトに関してはさ、もっと予算をうまく使うべきだと僕は思うんだよ」

という日本語を英語の順番で並べると
「僕は」「思うんですよねー」
「僕たちは」「使うべきなんですよ」「予算を」
「このプロジェクトに関して」
という形になるというのです。

　「日本語を英語の順番で並べる」という練習をいろいろなパターンで練習していくというのです。

◆英語らしいロジカル思考訓練

　もう一つは、英語的なというか、外国人のロジカルな思考法を学んでいくというのです。
　基本は、簡単で【結論→理由→理由】の順番で、話していく。

この思考パターンに慣れるために、自分の好きなものや仕事を、下記のような言い方で話す練習をします。
結論：私はプリンが好きだ
理由：値段が安いから
理由：食感が好きだから

　英語の練習ではありませんが、こうした思考訓練も英語を使うのにとても大切ということです。

◆どうしても気になっていた発音のこと

　Strawberry（ストロベリー）やHollywood（ハリウッド）などは、何度も発音させられて、きつく嫌な思いをしたことは先

に書きましたが、実は、もう一つ、完璧な発音をしなくてはいけないと思わされた英会話講座の講師の話があります。

　こういう主旨の話でした。
　　みなさんが、「ハッピー、ニューイヤー！」って言うと、ネイティブの人には"Happy new ear！"「新しい耳が出来て、おめでとう！」って聞こえているんですよ。「耳が新しく生えてきたりしない！」って外国人が聞けばきっと大笑いですよ！　正しくは"Happy new year！"「新年おめでとう！」なのですが、正しい発音を身に付けないとできません。
　　ですので、うちでは、こういう発音を重要視しています！

　こういう類の説明です。みなさんも、聞いたことありませんか？ Rice と Lice とか…。

　そこで、そのことも千代丸先生に質問をぶつけてみました。「あー、細かい違いは分からなくていいですよ。long と wrong、Year と ear といった単語の聞き取り分けや発音の区別ができないと大変な思いをしますよ、などという話をする人がいますよね？！」
　そう言って、説明してくれました。

　初期の学習段階では、細かい違いはわからなくて OK というのです。なぜなら、状況判断が助けてくれるから…。
　10years（10 年）を 10ears（10 個の耳）と勘違いするシチュエーションってどういうときですか？
　long（長い）と wrong（間違っている）を間違えるシチュエーションってどういうときですか？

27

　思いつきますか？

　神田川の傍を歩いていて Nice liver（良いレバー）と聞こえたとしても、きっと Nice　river（良い川）って言いたいんだろうと脳内補正しませんか？　焼肉屋で Good river（良い川）もなかなか考えにくいと思いませんか？
　えっ？って思ったら、「Sorry？」って確認すればいいだけじゃないですか？　殆どあり得ないシチュエーションを心配しても意味ないです。

　確かにそうですよね。
　脳の性質上、最初に教育（インプット）されたことは固定化されやすく、それが覆されるには、最初に入れる何倍ものエネルギーが必要です。例えば、最初に教科書に正しいと書かれていたことが、後から間違っていたかもしれないと言い出しても、300％くらい立証しないと本当に間違っていたとは思わないということです。

　例えば、私たちの年代は「鎌倉幕府は 1192 年にできた」とか「冥王星は惑星である」などと教科書で習いました。今では、それが間違いと分かったそうですが、誰か著名な研究者が間違っていると言ったくらいでは納得しません。「他に誰が言っているのだ？」「間違っている証拠を示せ！」「自説が正しいことを立証しろ！」など言い出すのです。

　しかし、最初に教科書に記載のある内容について、「誰がそれを正しいと言ったのだ？」「なぜ、そうなのか理由を言え！」などと質問する人は殆どいません。

「教科書を信じるな、正しいとは限らない、疑え」と教えてくれたのは、高校生の時の現代文の先生と大学の指導教授だけでした。

　私の脳には、正しい発音でなければ、伝わらない、笑われるとインプットされています。
　「これは、**英語学習や英会話学習法の呪縛だ！**」と私は思いました。
　この呪縛から、解放さえされたら…。

◆受講を決めたのは、この一言だった！

「お天気コミュニケーションではなく、（真の）コミュニケーションが取りたいと思いませんか？　」
「そりゃ、思いますよ！」
「英語で、自分の考えを話していますか？　英語で、感情を話していますか？」
「できていませんね。学んだフレーズに合わせています」
「ですよね。これができないと、英語を学んでいる意味がないと思いませんか？」
「思いますよ」
「70 フレーズ、80 フレーズの英語を覚えれば英語を話せるようになりますか？」
「ならないでしょ」
「ですよね。70、80 フレーズの日本語だけを使って、支障なく毎日の生活を送るのが無理なのと同じです」
「……」
「言語は、コミュニケーションの手段です。目的は、伝えたい

ことが伝わるかです。ちよまる式は、100 点の英語ではないかもしれませんが、**70 点、80 点の英語にはなります。**そして、言いたいことを英語にしていきます。ですので、一番難しいのは英語的日本語をいかに作れるかです。現場において、『正しい英語』『間違った英語』なんてありません。『通じて仕事が出来ればそれでいい』ただこれだけです。間違った英語でも仕事が出来ればオールＯＫです。難しく考えずに英語を『使って』いきましょう。」

　私には、英語を手段として、伝えたいことがありました。

　英語学習には、何度も挫折してきた私は、これまでと異なるアプローチをする「ちよまる式英語コミュニケーション」なら、「日本語の勉強ならできる！」と思えました。これでダメなら、「今世、英語は諦めよう！」「ダメなら、途中で辞めたらいい。やってみよう！」と思い、入会を決意しました。

　そして、心臓の病気の入院の為、途中１か月間の休学をしましたが、2019 年５月に、一つのコースを約６か月で終えました。

　次の章で、10 の項目に分けて、これまでの英会話講座と比較しながら、正直な私の感想と解析を書きたいと思います。あくまでも、個人的な感想です。その点、ご承知おきください。

第2章

コースを受けて分かったこと

◆異なる学習内容

　「ちよまる式英語コミュニケーション」は、私がこれまで受けてきた学校教育や一般的な英会話講座とは、英語を学ぶ目的が異なるので、学ぶ内容が違いました。

　「ちよまる式英語コミュニケーション」では、目的は「（英語で）コミュニケーションをとること」ですから、学ぶ内容は、「英語を使ったコミュニケーション」です。あくまでも、手段としての英語です。

　これまでの私の学んだ英語の授業や英会話講座は、目的が「日本語を英語にし、英語を日本にできる」ですから、学ぶ内容は「英語の知識」になります。要は、単語、文法、そしてフレーズです。

　もちろん、発音など、ほんの一部は同じですが、あとは、全くと言っていいほど、オリジナルでした。ざっくり言うと、レッスンは、「発音」⇒「英語の基礎知識」（2つの文章の形）⇒「英語のリズム」⇒「英語的日本語の作り方」⇒「基本動詞・前置詞・副詞」⇒「難しい日本語を簡単な日本語へ変換」という順番で進んでいきました。

　角度を変えて言うと、1、発音ができる⇒2、日本語を英語の語順で並べられる⇒3、日本語変換力を強化する⇒4、自分の日常をどんどん英語で言う⇒5、英語コミュニケーションができる　という順番で学んでいくということです。

　「ちよまる式英語コミュニケーション」では、下の右側の内容を70項目（ちよまる式では「クエスト」と呼ぶ）で学んでいきました。

英語を話すために必要なこと

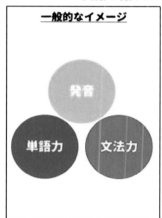

※図はフェイスブックより借用、承諾は得ています。

◆明確な学習プロセス　70項目

　これまで、通った英会話講座でも1週間に1講座で、3週間で12講、6か月で24講などでした。一瞬、数字だけ見れば70項目？と数は多いのですが、これまでは1講につき、25パターンや200構文を扱うというものでした。

　「ちよまる式英語コミュニケーション」は内容（クエスト）はシンプルです。

　　例えば、
　1、指定の文章を自分なりに読んでみよう。
　7、「L」を中心とした英単語17個の発音を行ってください。
31、「パーツ」の概念について説明して下さい。
41、次の3つの日本文を英語的日本語に変換して送って下さい。
58、次の日本文を英文にし、動画にして送って下さい。
　　などです。
　　（これ以上アップするのは、企業秘密だと思うので…）

　　一項目につき、一つなので、課題が負担にはなりませんし、
学習時間もそんなには必要ありませんでした。
　　先に70項目が明示されているので、自分の進捗が一目でわか
りますし、ゴールが見えているので安心して進めました。

◆徹底的に学ぶ「英語的日本語」変換

　　「ちよまる式英語コミュニケーション」で徹底的に学ぶのは、
自分の言いたい内容を、いかに英語的日本語へ変換するか？
ということです。

　　一般の英会話講座が「英語に日本語を合わせていき、英語で
話す」のに対して、「ちよまる式語コミュニケーション」では、
「日本語で言いたいことをまとめ、英語に変換していく」とい
うものです。ただ、**日本語が直ぐに英語にできるわけはなく、
そこにワンステップ入るわけで、それが英語的日本語変換**です。

　　例えば、私は
「一木支隊の通信兵だった父の視点から語られるガダルカナル

34

の戦い（戦争）は生々しいものでした」

と言いたかったとします（これは、実際に現地で話したくて、英語にならなかった内容です）。

　このままでは英語にできませんので、言いたいことを英語的日本語に変換します。
①　「私の父」「was」「通信兵　of　一木支隊」
②　「父の語り」「was」「　本物」
　　「ガダルカナルの戦いについて」

　このように 2 文で英語的日本語にしました。ここまでできると、これを英語にするのはそんなに難しくはありません。ここに出てきた、単語はだいたい知っています。それで、順番に単語を当てはめていきます。
①　My father was a Communication soldier of Ichiki party.
②　His talk was real
　　about　　Battle of Guadalcanal.

　これで、私の伝えたいことは英語になっていますよね。

◆日本語と英語をミックスして学習する

　もう一つ、「ちよまる式語コミュニケーション」で着実に英語が使えるようになる理由の一つに『日本語と英語をミックスして学習する』があると思います。

　「ちよまる式英語コミュニケーション」では『英語の言葉の

並び順感覚』習得を最優先に考えているので、日本語と英語ミックスでもOKとされています。ですので、分からない単語をいちいち調べる必要がありません。私は、気になる単語だけ調べましたが、普段はミックスで課題をやり、クリアしていきました。

　こんな感じになります。
『田中は』『will 訪問する』『your office』
　（tomorrow）（at 3pm）（with 彼の上司）

『We』『should 改善する』『this 企画書』
　（as soon as possible）

『That お店』『 is 』『人気』
　（for 女子高生）

　分からない単語があってもOKというのは、相当、ストレスというか、負担を軽減させます。「これでもいいんだ！」と思えると、やる気とスピードが上がります。
「これは、言葉の並び順を理解することがメインなので、これでいい。あとから、段々と英語にしていけばいい」
と千代丸先生は言います。

　正確な英語を覚えるように中学生の時から教育されている私は、当初は戸惑いました。でも、千代丸先生が堂々と日本語と英語のミックスでコメントを返してくれるので、「自分もそれでいいのだ！」とすぐに思えるようになっていきました。

◆LINE で学習

　私は、「オール LINE コース」を申し込んだので、学習は LINE の動画のやりとりのみで行いました。

　私は、LINE は全く得意ではなく、限られた人とメッセージをやりとりするだけで、「できるのかな？」と心配しましたが、分かりやすい登録の仕方や動画の撮影の仕方、動画の送り方が画像付きで、LINE に送られてきて、簡単にできるようになりました。

　まずは、携帯やパソコンの LINE に、課題が送られてきます。これは文章だけの課題のときもあるし、画像や映像付きの課題のときもあります。

　課題提出の期日が決まっていますので、自分の携帯で撮った数分の動画を LINE に添付して返送します。すると、翌日までに、千代丸先生からフィードバックが送られてきます。

「OK です！よくできています！」 というときは、クエストクリア（課題クリア）ということで、次の課題が送られてきます。

「うーん、残念、もう 1 回トライ、お願いします！」 というときは、修正したらいいポイントを教えてくれるので、その点を修正して動画を再度撮影して、送ることになります。

　「OK です！」と「うーん、残念」の割合ですが、これは、個人差はあるので、何とも言えません。ただ一つ言えるのは、

千代丸先生は、**正しく完璧なものを求めていない**ことは、数回提出するとわかります。

　「クリアできなかったら、どうしよう？」「何度もダメだったらどうしよう？」と不安もありましたが、私の場合、殆どが1回か2回でクリアできました。

　また、仕事に追われて、できない日もありましたが、提出期日を過ぎると、「提出日が過ぎています」とリマインドがくるので、「いっけねぇ。やらないと！」思えるので、安心です。

　さらに、動画は保存できるので、自分の動画も千代丸先生の動画も何度もみて、復習や確認できる点も良かったです。例えば、電車の移動の時に一度見ておいて、家に帰ってから真剣に見るというようにしました。

◆LINEでのマンツーマンレッスン

　発音・イントネーションは「英語耳」というテキストを使って、発音練習をしました。

　これまでの英会話講座では、周りに他の生徒さんがいるので、自分の発音を周りに見ら（聞か）れるので恥ずかしかったり、周りの人と自分を比較して、そこにエネルギーを使うことも多かったです。

　一人で携帯の動画を撮影するので、周りには誰もおらず、他人と比較することなく、発音することができました。

　発音に限らず、**千代丸先生と LINE でのマンツーマンレッス
ン**というのがさらに良かったです。

　千代丸先生のマンツーマンで何が良かったか？を振り返ると、
・コメントが明るくポジティブで、次のやる気になる。
・他人と比較しないで済む。
・間違ってもはずかしくない。
・自分の理解度、状況に合わせて、コメントしてもらえる。
・質問しやすい。
・遅くても翌日（曜日・時間によっては当日のこともある）に
　返答のコメントが来る。
・だんだんと自分のことが理解してもらえる。
・私だけへのコメントである。
いう点だと思います。

◆テストがなく、コメントをもらえる

　これまで英会話講座では、毎回復習テストがあり、最後には
修了テストがあり、8 割以上で合格でした。それでモチベーショ
ンを上げ、とにかくフレーズの暗記です。そもそも、テスト
で暗記するフレーズの数が多すぎます。

　さらに、一斉講義、生徒同士で相互チェックですから、お互
い言いませんが、自分ができている、できていないで、優越感
や劣等感を感じるわけです。逆にそれがさらなるモチベーショ
ンになったりするわけです。

　講師と 1 対 1 ではないし、講師のチェックもないわけです。

みんなの前で「質問ありませんか？」と言われても、手を上げて質問する勇気は私にはありませんでした。

「ちよまる式英語コミュニケーション」では、テストがないのです。課題ごとに1分から3分の動画を撮り、千代丸先生からのコメントをもらい、OKなら次に進み、OKでなければ、修正ポイント教えてもらい、それを直して、また動画を撮って送る、その繰り返しでした。

さらに課題には復習も入っているので、「あっ、忘れてた！」という点もチェックしてもらえました。

「ちよまる式英語コミュニケーション」では、覚えるのは、基本動詞・前置詞・副詞で70個程度です。あとは、やりながら、自分が日常使う単語を覚えていくのです。使わない単語は覚えられませんが、使う単語は、自ずと覚えが早いです。

◆学習時間・期間

これまでの英会話講座では、「一日20分間」「一日1時間」「週に3時間」などと言い方はいろいろありますが、それなりの勉強時間が必要でした。

正直、仕事しながら、子どもや妻との時間もありましたので、当時はその時間を捻出することができない日もありました。

さらに、決まった曜日の決まった時間に講座に通うのですから、その時間は拘束されるわけです。会議、打ち合わせ、飲み

会などもあり、どうしても参加できない日もありました。

　さらに、内容はフレーズの暗記、発音は、ＣＤを聞きながらの発音練習のみ。自分の発音があっているのか、いないのかは、確認できません。

　しかし、「ちよまる式英語コミュニケーション」では、前半は1課題20分か30分で終わりました。後半は、考える時間が必要な課題もあり、1時間程度を使った日もありました。しかし、暗記がないし、**基本的に日本語で考える**ので、負担にはなりませんでした。

　ただ、「自分は本当は何を言いたいのかな?」と突きつめることをしますので、そこで、いかにふだん曖昧に話しているかという自分に出会ってしまいます。

　学習期間は、私の場合は約6ヵ月でした。通常は6ヵ月〜8ヵ月のようです。これは、自分がどれくらいのペースで課題を出すのか、課題を何回でクリアできるかによります。

私は途中入院してしまったのですが、その1か月間はお休み扱いをしてもらえたのも、助かりました。

　とにかく、これは英語の知識の量や質ではなく、いかに英語的日本語を作れるか、つまり、**日本語変換能力をどう養っていけるかにかかっている**というのが私の印象です。

◆本当に話せるようになるのか？

　「ちよまる式英語コミュニケーションで本当に話せるようになりますか？」」と訊かれたら、私は「なると思いますよ！」と答えます。

　なぜ、「思います」で「なります」と言い切っていないのかですが、それは、「本当に話せる」の定義がみんな違うからです。

　私は、「英語を使えるようになりたい！」と、頑張って学んできました。そして、途中で挫折しました。それは、決して私だけではなく多くの人が途中で挫折しています。そうでなければ、コンプレックス・ビジネスに入りませんから…。

　でも、なぜ、多くの人が挫折するかといえば、『理想が高すぎる』『学ぶ順序が違う』からだと思います。

　水泳に例えると、多くの人が憧れるのは『100mをスイスイとクロールで早く泳ぐ姿』でしょう。その姿を目指すことは悪いことではないのですが理想が高すぎる、と思うのです。

　さらに、完璧なフォームで泳ぐことだけが良いと思っていて、カッコ悪くても、まずは泳ぐことが大事なのに、そうやって泳ぐ姿を恥かしいと思ってしまっています。

　「腕の動かし方」「呼吸の仕方」「足（脚）の動かし方」「ターンの仕方」など、カッコよく見える部分ばかりを練習し、ビート板を使った練習やバタ足を軽視したり、あるいはまったく練習していない人もいます。

　これではいつまで経っても泳げるようにはなりません。泳げるようになるためには、必要なことを着実に身に着けていくしかないのです。

　『水の中で目を開ける』『プールサイドで体の動かし方を学ぶ』ここからです。これらを積み重ねていった先に 100m を泳ぐ姿があるのです。

　英語も全く同じだと思います。千代丸先生は言います。
「まずは発音を身に着け、単語の羅列でもなんでもいいので、相手とコミュニケーションを取ることが大事です。そこから、言葉の並び順や英語の感覚などを 1 つずつ身につけていくのです。何事も習得過程はカッコ悪いものです。しかし、その先にしか物事の習得はありません。理想を高く持ちすぎず、しっかりした順序で学んでいきましょう。」

　100 点の英語を使えるようになるかどうかは人によると思います。しかし、**75 点の英語なら相当数の人ができるようになる**と思います。

　「ちよまる式英語コミュニケーション」は、ほぼ全員が 75 点の英語を使えるようになる学習法です。90 点や 95 点を目指すのであれば、更なるコースを受講する必要は出てきます。

　ですので、現時点での私は流暢に英語を話すことはできません。でも、英語を使って、コミュニケーションをとることはできます。私の言いたいことを、伝えることはできます。日本語とミックスになることもあるし、単語の羅列になることもあるけど…。

　それを「話せる」と言うかどうかは読者の皆さんの判断にお任せします。

　今は、ペラペラな人から見たら、私の英語はカッコ悪くて『なんちゃって英語ですね！』と馬鹿にされるかもしれませんが、昨年と同じように
「何をしに、どこに行くのか？」
「何日間いるんだ？」
「これは仕事か？」
と英語で話しかけられたら、オタオタせずに自分の言いたいことを英語で答えることはできます。
　さらに、
My father was a Communication soldier of Ichiki party.
His talk was real about Battle of Guadalcanal.
I want to find out many bones of my father friends.

と私の思いを伝えることはできます。

◆費用

　費用は3万円×学習期間です。標準が6ヵ月から8ヵ月ですので、18万～24万円になります。
　私が過去に受けた英会話講座の料金と同等か少し安い金額です。頑張って5か月で終了まで行ければ、15万円という計算になります。

　他の英会話講座と比較してみてください。
　英語コミュニケーションが身に付くとしたら、私は安いとはいえ、高いとはいえないと思います。

第3章

コース終了後にわかったこと

◆ボディブローのように効く「千代丸式」哲学

　「オールLINEコース」で学習した私ですが、実は、ボクシングのボディブローのように効果があったのが、千代丸先生のフェイスブック（https://www.facebook.com/chiyomaru.ueda）の記事でした。

　　※ボディブロー：ボクシングで、腹部を打つこと。また、そのパンチ。（比喩的に）特に、じわじわと良くない状況になることについていう。すぐさまノックダウンになることは少ないが、少しずつ相手の体力を奪っていく攻撃。

　つまり、「オールLINEコース」とは直接は関係ないこともあるのですが、千代丸先生のコミュケーションの考え方、英語の捉え方、英語に関する知識・情報がほぼ毎日発信されているので、自分のこれまでの英会話に対する劣等感や観念を、確実に少しずつ壊していってくれました。それがコメントの意味の背景の理解に繋がったり、自分が何を学んでいるのか？が深まり、どうなりたいと思っているのかが明確になりました。

ですので、フェイスブックの記事を読むこととセットで学習すると効率が上がると思います。

◆フェイスブックの記事を紹介します！

　タイトルとそれに出ていた記事を一つだけ引用させてもらいます。「なるほど！」「たしかに！」「そうなんだ！」と思うような内容です。

☆英語ができなくてもなんとかなる！
　【トイレの場所を教える「That way」　】
外国人の人にトイレの場所を聞かれた時には「That way（ザットウェイ＝あっちです）」を使いましょう。
　方角を教えるだけですぐに分かるような場所にトイレがあるなら、この案内だけで終了です。
　角を曲がったり、分かりにくい場所にトイレがある場合は、「This way（ディスウェイ＝こっちです）と言いながら、トイレの標識が見える場所まで案内し、標識が見えたら「That way」と言ってトイレを指さしましょう。
　トイレを聞いてくる相手は【緊急の状態】にあります。

　そんな相手に対して、しどろもどろな英語で案内をするよりは「急いでますよね！わかります！」と相手の気持ちを汲んで、とにかく早く案内することを優先しましょう。
　綺麗な英語を話すことよりも、相手の気持ちを考えた上で迅速に行動するのが最も大切です。

☆「日本語・英語ミックス戦法」
【こちらに並んでください】
　お店や観光地などで、お客さんに列を作って並んで欲しいことがあると思います。
　しかし、ルールが分からない外国人の人が列の場所以外に並んでしまったり、あるいは順番を抜かそうとしてしまうことがあります。
　そんな時には
「エクスキューズミー（すいませーん）」
　「ライン（列）」

「ヒア（ここで）」
という3つの言葉を使って説明をしましょう。
ポイントは、日本語と英語を混ぜて案内することです。
　まず「エクスキューズミー（すいませーん）」と笑顔で話しかけます。

『エクスキューズミー。こちらの商品購入ご希望でしたら・・・「ライン」・・・を作ってお待ちいただけますか？「ヒア」』
の様に言いましょう。ご希望でしたらの後は間を取って「ライン」という言葉がはっきり伝わるように言うのがポイントです。これを言いながら、身振り手振りで列を作る動きをすれば伝わります。

　これは自分が逆の立場になったことを考えれば分かるのですがアラビア語圏で、お店の人に
『すいませーん。يمكنك・・・列・・・شراءال في يرغ بون الذين لزبائن
 ここで نظار الاذ』
と言われたら、なんとなく『ここに列を作って並ぶんだな』ということが分かりませんか？

　そうなんです。最初の「すいませーん」という呼びかけと「列」「ここで」というキーフレーズさえ伝われば、列に並んでくださいという案内は出来るのです。
　「エクスキューズミー、ライン、ヒア」だけでも通じますが、日本語と混ぜた方が緊張しないのでおすすめです。

　大切なのは「笑顔」で「堂々」と「自然体で」案内することだからです。

　英語だからと変に緊張してしまうよりは、日本語と英語を混ぜて自然体で言った方が良いです。

　お店、観光地で働かれている方はご参考にどうぞ。

☆英語のちょいワザ
【 英語の便利な返し言葉 】
　英語で会話をしている時に
『自分の言いたいことは言った。今度は相手の意見が聞きたい』
そんな時があると思います。
　そんな時には、下記3つの表現を押さえておくと便利です。
　How about you？（あなたはどうですか？）
　What do you think？（あなたはどう思いますか？）
　Don't you think so？（そう思いません？）

　会話はターン制、短い言葉のラリーです。
　自分のことを言ったら、上記3つのいずれかで相手に会話のボールを返しましょう。
　ランチやディナー等でこれを知っているとやりとりがぐっと楽になります。

☆英語を使うために
【 結論ファーストを大切に 】
　英語でのビジネスにおいて、結論を最初に述べることはなによりも大切です。まずは結論を言って、それから他の情報を言いましょう。
　例えば・・・
　今から言う3つの条件を行ってくれるなら取引をします。

1つ目は、輸送にかかる保険は御社が負担すること。
2つ目は、初回納品は5,000個。
3つ目は、お金はドル建て払い。

このような形です。
　最初に結論があることで話の流れが見えやすく、また誤解を招きにくくなります。
　この話し方は日本語を話す時にも使えることが多いので、是非身に着けましょう。

☆ざっくり感
【英語を使うためには　その2】
『社内報』『お知らせ』『告知』『掲示板』『張り紙』『ビラ』『チラシ』
これら全てを『notice（お知らせ）』と言うざっくり感が重要です。

☆知ると少し幸せになる英語雑学
【テンションは通じない】
日本語で「テンション」に関する表現は多くありますが、これらは全て和製英語のため通じません。※英語で「テンション」は上がり下がりをするものではなく、張り詰めた状態などを表すものです。
　ですので
「テンション上がるわー」
「テンション下がるわー」
「ハイテンション」
「ローテンション」

等と言いたい時は
テンションが上がる系は『I'm so excited』
テンションが下がる系は『I'm depressed』
と言いましょう。

☆コミュニケーションテクニック
【英語が使える人と使えない人の発想の違い】
駅の放送『ただいま車内点検のため、品川駅にて５分ほど停車
いたします』

【 英語が使えない人 】
 全部の情報を英語にしようとする（通訳と同じ）
『えーと、train staff check えーと…』

【 英語が使える人 】
物事の本質を捉えて、大枠を伝える。
『この train』『will 出発』
 （５分後）

☆言い換え力
【 言い換え力アップトレーニング ２ 】
 実戦の場で英語を使う際には、単語がわからないことが日常
茶飯事です。
 そんな時には、日本語を言い換える力が多いに役立ちます。

『私のおこずかいは月 30,000 円です』
これを『おこずかい＝allowance』を使わずにどう表現します
か？

↓の参考例を見る前に少し考えてみてください。
☆
☆
☆
☆
☆

　例えば、『おこずかい』ということを『妻が私に 30,000 円を与える』という具体的な言い方に換えれば、
『私の妻は』『与えますよー』『30,000 円を』
　（私に）（毎月）

『My wife』『gives』『30,000yen』
　（to me）（every month）
という英語にすることが出来ます。

普段からこうした言い換え力を強化すると英語を使うのに役立ちます。ご参考にどうぞ。

☆外国人に伝えよう日本の文化
【忘年会ってなに？】
外国人の人とコミュニケーションを取る時に、英語以上に大切なのが「日本文化の理解」と「そのざっくりした説明」です。きちんと日本の文化を説明出来ると、相手から尊敬されますし、良いコミュニケーションが取れます。是非、色々な日本文化の説明を出来るようにしましょう。

【 「忘年会」を伝えるためのポイント 】
・12 月に行われる

・飲み食いをしながら、その年の終わりを祝う

【 英語の順番で並べた日本語で説明すると 】
（ 日本人は ）（ 行いますよ ）（ 忘年会を ）
「 12月に 」
（ 忘年会 ）is（ パーティー）

（ 日本人は ）（ 祝いますよ ）（ 年の終わりを ）
「 飲んだり食べたりすることで 」

【 英語にすると 】
（ Japanese ）（ have ）（ a Bonenkai ）
「 in December 」

（ Bonenkai ）is（ a party ）
（ Japanese ）（ celebrate ）（ the end of the year ）
「 by drinking and eating 」

☆外国語の習得に最も必要なもの
【 英語力よりも日本語での調整の方が実戦的 】
　私のセミナーにお越しになられる方からよく言われるのが
『なにか便利な表現はないか？』
『どういったフレーズ、単語を覚えればいいか？』
です。
　このFacebookでもアップしているような「英語ができなくてもなんとかなる」表現はあることにはありますが、仕事で使うレベルとなると、これといって万能・便利な表現というのはありません。

　それよりも日本語サイドで調整、あるいは発想を変える練習をした方が実戦的です。
※ちよまる式でも重点的に行う練習です。

　例えば、『弊社は人材不足だ』ということを英語にするとします。
　人材を「manpower」「workforce」、不足を「be short of」「be lack of」等と単語を知っていればベストですが、これらの単語を全く知らない場合でも、発想を変えれば対応は可能です。

例えば具体的な言い方に変えてみる。
「人材が不足している」という回りくどい言い方をせずに、「3人のエンジニアが欲しい」というように具体的に言うのです。
そうすれば
「We need 3 engineers.」
と、中学1年生レベルの簡単な英語で表現することが可能です。

　日本語は抽象的、回りくどい表現が多い言語なので、「具体的に表現する」練習を積むだけでも現場で英語を使えるようになります。
　ご参考にどうぞ。

☆外国人に通じない和製英語一覧
【 外国人に通じない和製英語一覧 3 】
　1.オーダーメイド → made-to-order
　2.フリートーク → free conversation
　3.アメリカンコーヒー → weak coffee
　4.ビジネスホテル → economy hotel

5.ハンバーグ → hamburger steak
6.サービスランチ → daily lunch special
7.バイキング（食べ放題）→ buffet
8.ラストオーダー → last call
9.アルバイト → part time job
10.（体の）スタイル → figure

◆「千代丸語録」

（これは、私が勝手に、「千代丸語録」と呼んでいるものです。）英語コミュニケーション、哲学の違い、人生観などで、これも「なるほど！」「たしかに！」「そうなんだ！」と思うような内容です。 3つ紹介します。

『英語がネイティブのように話せる』と『仕事が出来る』はイコールではない。

『話し方』は頭の良し悪しを如実にあらわす

雑談の究極は
『相手が話したい話題を振る』
『相手が聞きたい話をする』
の2つに集約されます。

◆無料復習コースと有料復習コース

　私は、入院で1ヵ月間休んだものの、退院後は仕事を減らし安静にせざるをえなかったこともあって、比較的「オール LINE

コース」の時間を取ることができました。最後の 1 カ月は、2 〜3 日間で一つの課題をクリアしていくペースで進めました。

　コースが終わった時に、「これからが本番だな？！これで終わっては、また忘れるだけだ！」と思いました。
　「ちよまる式英語コミュニケーション」では、無料と有料とはありますが、復習コースが用意されていました。
　目的に合わせて、自分の必要なコースを申し込むと良いと思います。相談に応じてくれますし、だからと言って、強制されることもありませんし、強く勧められることもありません。

　人によって英語が必要な理由は様々だと思います。外国人社会の中で生きていくとか、高度な英語が求められるのであれば英会話を学ぶべきだと思います。でも、仕事でも旅行でも目的達成ができればそれで良いレベルと考えるなら英語コミュニケーションで十分だと思います。

　忙しい現代人が1日20〜40分の学習で6ヶ月〜12ヶ月程度、学習すれば、英語コミュニケーションができるようになるのです。費用も、正直、リーズナブル（Reasonable）です。

　私は、こんな英語学習法に出会ったことがありません。
　英会話学習は、**自分の目的、それにどれだけの時間的投資、経済的投資ができるか？で判断すべき**です。

　私の場合は、私の目的と時間的・経済的投資の可能性を考えて、「毎週クエスト配信サービス」と「マンツーマンクエスト（ミニコース）」を受講しています。

「毎週クエスト配信サービス」は、毎週土曜日に課題が配信され、月曜日までに返信するコースで、継続学習しながら英語力を高めていくコースです。日常で英語に接していないので、毎週課題があると、自ずと復習になります。これが月に2,160円ですから、1週間で500円です。まあ、ビール1杯の値段です。

「マンツーマンクエスト（ミニコース）」は、千代丸先生からの英語の質問に英語で返答し、表現力の強化や会話のスピードを上げるコースです。ミニコースは月に3課題（クエスト）で1万円です。月に5課題（クエスト）、10課題（クエスト）のコースもありますし、内容も日常シーンとビジネスシーンが選択できます。

このコースは、受けてみて分かりましたが少しレベルが高いです。

10課題（クエスト）コースをやっていくと、簡単な通訳もできるなーと思います。10課題ですと、3日に1課題クリアする計算になるので、ほぼ毎日「ちよまる式」に向き合う覚悟が必要です。

ここでは、日本語のプレゼンテーション能力が相当問われます。質問に対して、英語ではなく日本語のプレゼンテーションの内容で、「うーん、残念、もう1回トライお願いします」となります。現時点では、英語以上に、この日本語の整理に頭と時間を費やします。

私は、3回「うーん、残念」が続いたことがありますが、最

初に出した動画と最後にクリアした動画を比較すると、全く次元が違います。

　英語というよりも、話している内容のレベルが、論理的で簡潔になっているのです。だから、それを英語にしても伝わるのです。

　確かに英語が流暢でも、話に内容がない人とは、いい人間関係は作れませんよね。
　「いい内容があって、それを英語で表現できるから伝わる」ということを体験として学べます。

　「オールLINEコース」を修了していないと、このレベルのやりとりが千代丸先生とできないのだということが、次のステップに進んで、初めてわかりました。

　車で例えたら、「オールLINEコース」修了は、運転免許証を取ったというレベルです。運転が上手くなるか、ペーパードライバーになるかは、その後の練習次第ということです。

◆英語を使うために日本人が越えるべき3つの壁

　英語を理解し、読むだけなら、英語力を上げるとそれはできるようになると思います。

　英語会話や英語でコミュニケーションをとるとなると、いくら、英語に関すること（発音、単語、文法 etc）を学んでもできるようになりません。私たちは、英語を学べば、英語を使えるようになると思っていますが、実はこれらの習得だけでは日

本語を英語にすることはできないのです。

　だって、私たちは、日常で、どんな会話をしていますか？
「なる早で、この仕事やってくんない？」
「あいつの言い方、ちょっと、むかつくんだよね」
「みんな一丸となって、頑張りましょう！」
　こんな、フレーズにはない会話をしていませんか？
　これを即座に英語で出てきますか？

　疑うなら、今、日常的にぱっと出た日本語を、英語にして、つぶやいてみてください。なかなか、できないですよね。

　実践的英会話（英語コミュニケーション）は、自分は、本当は何を伝えたいんだろう？とか、相手は、本当は何を伝えたいんだろうか？などと、まず、日本語で整理したり、推測しなくてはなりません。

　日本人同士の会話では、**あやふやな表現が好まれます**。日本人同士で話す時はこれで良いのですが、英語を使う上ではこれが最大のネックとなります。
　あやふやな表現をそのまま英語にしても意味が分かりません。

「お前のスーツ、今日攻めてんなー！」
　Your suits is attacking today！
と言っても意味不明ですよね。

「お前のスーツ攻めてんなー」も
「あなたのスーツの柄は、独特ですね」

「あなたのスーツは、　高そうに見えます」
のように、はっきりとした日本語であれば、英語にしても意味
が通ります。
　実践的なリスニングでも、同じで、相手が話している英語だ
けに集中するのではなく、「多分、この人、こういうこと話して
いるんだろうなぁ」と相手の話の内容を想像しながら聞くのが
重要になります。

　この点を理解し学習すると英語を使えるようになります。で
も、巷の多くの英会話講座では、このことを教えてくれません
でした。ひたすらフレーズの暗記と組み合せの応用です。

　ちよまる先生は、**英語を使うために日本人が越えるべき3つ
の壁がある**といいます。

1、英語力の壁
　単語や文法、英語の知識など。完璧な英語を目指すなら2,000
〜3,000時間、コミュニケーションレベルなら100〜200時
間の学習が必要。

2、思考力の壁
　日本語は話しながら考える言語。英語は考えてから話す言語。
話し始める前に自分の考えをまとめるロジカルシンキングの
習得が必要。

3、コミュニケーション力の壁
　日本人は初対面の人と話す、あるいは雑談が苦手な人が多い。
会話を切り出すテクニック、会話を盛り上げるテクニックの
習得が必要。

　私も、これまでは、「1、英語力の壁」ばかりを学んで、話せないと憂い、挫折していたのです。それは、私が例外なのではなく、1番の英語力の壁は越えているが、思考力、コミュニケーション力の壁を越えていないため、英語が使えないという人はとても多いと思います。

　逆に英語の学習だけをして英語が使えるようになる人は、最初から思考力、コミュニケーション力の壁を越えている場合が多いと思います。

　英語を使いたいと思ったら、自分がそれぞれの壁を越えているかをチェックする必要があります。ちよまる先生は、英語を使うために習得するべき能力を一覧にしています。

英語を使うために習得すべきもの一覧　チェックリスト

【 英語力 】

- □単語力
- □文法力
- □発音
- □英語の知識
- □英語の語順感覚

【 メンタル 】

- □外国人慣れ
- □度胸
- □英語は所詮道具
- □外国人も同じ人間
- □英語は通じればいい
- □英語よりも仕事力

【 日本語力 】

- □日本語の特性理解
- □言葉の言い換え
- □要約力
- □本音の抜き出し
- □物事を言語化する
- □具体的説明
- □抽象論の排除
- □間接表現を直接表現に
- □主語を省略しない
- □重複を削る
- □文章の分割
- □主語、述語、目的語の適切な使い方
- □曖昧な表現の不使用

【 思考力 】

- □ロジカルシンキング
- □ざっくり伝える
- □伝達事項優先順位化
- □物事の簡易化
- □本質を考える
- □発想転換

【 コミュ力 】

- □雑談力
- □推察力
- □英語以外の機転
- □ボディトーク
- □自己情報開示

※図はフェイスブックより借用、承諾は得ています。

　本気で英語を使うためには総合的な技術の習得が必要です。**全ての壁を越えなくては、英語を使えるようになりません。**

　ちよまる式英語コミュケーションでは、これらをトータルで学んでいきます。ですので、英語を使えるようになっていくのです。

おわりに

◆信じるな！　疑うな！　確かめろ！

　最後に、改めてお話したいことは、「英語を話せるようになる」と思って、学習が必要だと一般的に考えられるものと、現実に必要なものは大きく異なります。「発音」「文法」「単語」は確かに必要ですが、むしろ、それ以外の要素が重要だったのです。私が、単語や文法を一生懸命覚えても、英語を話せるようにならなかったのはこの為でした。

１、外国人と英語を使って意思疎通ができる。
２、わからないことがあれば相手に助けてもらう（やさしい言い方に変えてもらう。わかるまで聞き返す等）つまり相手の協力が前提にある。
３、言葉に頼らないテクニック（スマホ、ジェスチャーなど）も効果的に使う。

　上記でよい方は、「ちよまる式」で、１日20〜40分の学習で6ヶ月〜12ヶ月程度、学習すれば、英語コミュニケーションができるようになります。

　英会話を短時間で習得できると錯覚している方がいます。しかし、短時間で英会話の習得はできません。

　ＳＮＳや新聞広告でバンバン流れてくる英語の教材には、こういうものが多いです。
１、『〇〇日で！』などの短期間を謳っている！

　短期間で身に着くなら、街中英語を使える人だらけです。

２、この○○個のフレーズを覚えれば喋れる！
　試しに、100フレーズ縛りの日本語だけで、１週間過ごしてみると良いと思います。何不自由なく、日常生活、仕事ができるようなら、そうした英語教材で学習しましょう。
３、動画を見るだけ、ＣＤを聴くだけ！
　柔道の動画を見続けて柔道が強くなれるでしょうか？
　大事なのは自分で考え、実践することです。
４、○○だった私が△△で喋れるようになった方法！
　ただの体験談です。
５、勉強するな！文法はいらない！慣れだ！感覚だ！
　英語は構造の言語なので中身を理解せずに使えるようにはなりません。

　私もある情報商材の構築と販売のコンサルタントについたことがありますが、コンプレックス・ビジネスに位置してしまっている商品には、以下の共通点があることを教えてもらいました（おかげで直ぐに契約が取れましたが、良心の呵責から、１回の募集で辞めました）。
　情報商材を売りつけるための簡単な３ステップは、
『あなたにはすごい才能がある！』
　　　↓
『もったいないのが、その才能を活かしきれていないこと』
　　　↓
『私が（あるいは、この商材が）サポートすれば、あなたの才能は100％開花する』
　です。

　この原理原則を知れば、広告を見ても、怪しいサービスかどうかをかなり見抜くことが出来ます。

　私は、「信じるな！疑うな！確かめろ！」をモットーにしています。ですので、本書の内容も、信じなくていいですし、疑ってもらってもいいです。ただ、自分に合うかどうかを、自分で確かめてほしいのです。

　鵜呑みにされて、違うじゃないか？と言われても困りますし、疑われて、せっかく「ちよまる式」の存在を知ったのにスルーしてしまうのも、もったいないです。

　私は、通訳でも外交官でもないので、英語で外国人の方と意思疎通ができれば十分です。**本当に重要なのは、「英会話ではなく、英語コミュニケーション」**と思っています。

　「ちよまる式は興味あるけど、実際どうなの？」と少しでも気になっている方は、是非この機会に、自分で説明会やイベントに参加して体験し、確かめてみて下さい。良いと思えば、入会すればいいし、あわないと思ったら止めたらいいし、違う学習法がいいと思ったら、そちらに行けばいいのです。

　ですので、「ちよまる式英語コミュニケーション」の真髄をついていないではないか？などというご意見は止めていただきたいと思います。本書では、「ちよまる式英語コミュニケーション」を宣伝したり、他の英会話教室を批判したりするつもりは微塵もないからです。

　信じるな！疑うな！確かめろ！

釣部人裕

著者プロフィール

釣部人裕（つりべ　ひとひろ）

ジャーナリスト・ノンフィクション作家。

1961年、北海道札幌市生まれ。札幌北高等学校卒業。筑波大学（体育専門学群健康教育学科）卒業。元高校教師。専門はソフトテニス、運動栄養生化学。

主な著書

『決定版　歯の本―歯医者に行く前に読む』『口の中に毒がある』『究極の歯科治療』『油が決める健康革命』『再審の壁』『求ム！正義の弁護士』『つりひろの男の料理』『「ガダルカナルの戦い」帰還兵の息子』『つりひろの入院妄想記』など。

【連絡先】　Office　Tsuribe

お問い合わせは、メールでお願いします。

info@tsuribe.com

万代宝書房のホームページからも問い合わせができます。

装丁・デザイン／伝堂　弓月

75点の英語力で充分伝わる！

〜「ちよまる式英語コミュニケーション」に出会って〜

2019年　9月15日　初版第1刷発行
2022年12月20日　初版第4刷発行

　　　著　者　釣部　人裕
　　　発行者　釣部　人裕
　　　発行所　万代宝書房
　　　　　〒176-0002　東京都練馬区桜台1丁目6番9号
　　　　　　　　渡辺ビル102
　　　　　電話 080-3916-9383　　FAX 03-6883-0791
　　　　　ホームページ：http://bandaiho.com/
　　　　　メール：info@bandaiho.com
　　　印刷・製本　小野高速印刷株式会社